So lebt

Weimar

Der perfekte Reiseführer für einen unvergesslichen Aufenthalt in Weimar inkl. Insider-Tipps, Tipps zum Geldsparen und Packliste

Sonja Althaus

Alle Ratschläge in diesem Buch wurden sorgfältig erwogen und geprüft. Eine Garantie kann dennoch nicht übernommen werden. Eine Haftung für jegliche Personen-, Sach- und Vermögensschäden ist daher ausgeschlossen. Die Benutzung dieses Buches und die Umsetzung der darin enthaltenen Informationen erfolgt ausdrücklich auf eigenes Risiko.

✈ INHALT

Das erwartet Sie in diesem Buch

Wer einen Reiseführer in die Hand nimmt, weiß für gewöhnlich schon, wonach er sucht. Erholung mal ganz woanders, neue Erlebnisse, um sie mit Freunden und Familie zu teilen, vielleicht auch ein kleines Abenteuer. Nichts so Riskantes wie Wandern in den Rocky Mountains, aber schon etwas, um den Alltag aufzupeppen. Dieser Reiseführer bietet genau die richtige Mischung aus Abwechslung und Erholung, Fakten und Anregungen für den langersehnten

Urlaub. Sie erfahren hier, wie aus Ihrem Ausflug ein ganz besonderer Städtetrip wird. Besuchen Sie die Wahlheimat Goethes, dessen Spuren überall zu finden sind, spazieren Sie über das Kopfsteinpflaster der historischen Altstadt, geprägt von großartigen Persönlichkeiten, Kunst und Unterhaltung. Die nächsten Kapitel geben Tipps und Anregungen für Ausflüge, ob allein oder mit der Familie, zeigen die schönsten Wege für einen Sightseeing-Walk durch die Wiege der Klassik und erklären die Go's und No-Go's in Weimar. Diese Stadt zieht nicht umsonst jährlich ca. 1 Millionen Menschen aus aller Welt an. Aber Sie wollen nicht der typische Tourist sein, oder? Abseits der üblichen Pfade vom Goethehaus zum Nationaltheater und zum Wittumspalais führen idyllische schmale Gassen zu den zahlreichen Schmuckstücken Weimars, die nicht nur Besucher anlocken, sondern auch den Weimarern Abwechslung bieten. Bei all den historischen Sehenswürdigkeiten darf man als Besucher nicht vergessen, dass diese Stadt lebt. Sie ist dynamisch und nach wie vor Heimat kreativer Köpfe. Mit der Bauhaus-Universität, der Musikhochschule Franz Liszt und den vielen Studierenden aus Erfurt und Jena fördert Weimar seine Jugend und lässt ihnen Raum, ihre Ideen in die Tat umzusetzen. Daher werden Sie in diesem Reiseführer auch die junge Seite der Goethestadt kennenlernen.

Falls Sie der Kultur überdrüssig werden, laden die Parks zum entspannten Sonnen am Schwanensee oder der Ilm ein. Hier können Sie ein gutes Buch lesen oder mit den Kindern an der frischen Luft spielen. Wer sich lieber mehr vornimmt, findet in Weimar einige besondere Wanderwege. Ob auf Goethes Spuren zum Wohnhaus seiner Muse oder zu einer der Schlossanlagen – dieser Reiseführer gibt Ihrer Wanderlust einige ausgewählte Anregungen und Tipps. Das alles und weitere Antworten für den untypischen Touristen erwarten Sie in den nächsten Kapiteln.

Viel Spaß beim Zuhören und Lesen wünscht Ihnen Ihr etwas anderer Reiseführer!

Entstehung, Verfall und Wiederaufbau

Vor jeder Reise sollte man sich über die Geschichte seines Ziels informieren, denn die Sehenswürdigkeiten sind Reste einer bewegten Vergangenheit. Um ihre Bedeutung würdigen zu können, muss ein guter Tourist einige Randdaten parat haben.

Weimars Geschichte ist eng verbunden mit großen Persönlichkeiten und wechselnden Machtverhältnissen, die die Stadt prägten und zum heutigen Sinnbild für Kultur und Idylle formten.

Die Klassik Stiftung Weimar hat es sich zur Aufgabe gemacht, die Wirkungsstätten verschiedener Künstler und Philosophen zu erhalten und so kann man bei einem Besuch der Stadt die Symbiose aus Vergangenheit und Moderne bewundern. Die Altstadt lädt zum Spazieren und Entdecken ein, denn hier können Sie mittelalterliche Bauweise nebst Prachtbauten und historischen Fassaden erleben. Es kann nicht schaden, Broschüren und einen übersichtlichen Stadtplan im Gepäck zu haben. Machen Sie sich mit Ihrem Wunschziel vertraut, bevor die Reise beginnt. So verpassen Sie kein Highlight und können von Ihren Erlebnissen ausführlich berichten. Hier sind die wichtigsten Informationen über Weimar – die Stadt der Dichter und Denker.

WEIMAR VOR 1000 JAHREN

Erstmals urkundlich erwähnt im Jahr 899 als „Vigmara", war das Gebiet schon im 5. Jh. für die Thüringer ein kulturelles Zentrum. Das Stadtrecht bekam Weimar 1410 durch die Wettiner nach dem Vorbild

Weißensees verliehen, die 1372 die Grafschaft übernahmen. 14 Jahre später zerstörte ein verheerender Brand Teile des mittelalterlichen Kerns. Besonders die Burg, die Stadtkirche und das Rathaus wurden in Mitleidenschaft gezogen und aufwändig wiederaufgebaut. 1552 wählte Johann Friedrich der Großmütige Weimar als neue Residenz und brachte Lucas Cranach d. Ä. an den Hof und mit ihm die Kunst nach Weimar. 1708 wählt Johann Sebastian Bach die Stadt als neue Heimat und arbeitet bis 1717 als Hoforganist und Konzertmeister der Hofkapelle. Er verließ sie gegen den Willen des Herzogs, denn wie schon zuvor war Bachs Genie in den kleinbürgerlichen Verhältnissen eingeengt.

1772 beruft Anna Amalia, die vormundschaftlich an Stelle ihres Sohnes seit 1759 regiert, Christoph Martin Wieland als Erzieher an den Hof und beginnt damit eine Zeit der Kultur und Blüte in Weimar. Die verwitwete Herzogin wird bis zu ihrem Tod die Kunst fördern und diente Carl August als Vorbild, denn genau wie seine Mutter gehörte auch er zu den Kunstliebhabern und -kennern. Johann Wolfgang von Goethe erhält 1775 die Einladung an den Hof vom Herzog persönlich, als dieser alt genug war, um die Regentschaft zu übernehmen. Als Geheimer Legationsrat trat der Dichter dem obersten Beratungsorgan des Herzogs bei, genannt Geheimes Consilium.

Das Universalgenie gehört zum Viergestirn mit Schiller, Wieland und Herder. Letzterer kam 1776 auf Betreiben Goethes als Superintendant nach Weimar. Damit begann die wichtigste Zeit für die Stadt – die Weimarer Klassik. Goethe trieb aber auch die Epoche des Sturm und Drang maßgeblich voran und prägte besonders nach seiner Italienreise (1786-1788) durch naturwissenschaftliche Schriften und Studien die Aufklärung in Europa.

Politisch entwickelt sich Weimar schneller als jeder Fürstensitz und bekommt 1819 als erstes deutsches Großherzogtum eine eigene Verfassung. Natürlich nicht vergleichbar mit einer freiheitlich-demokratischen Gesetzgebung, denn erst 1848 wird die Paulskirchenverfassung eine Vorlage dafür bieten, doch Carl August ist ein kluger Herrscher und umgibt sich mit Persönlichkeiten der Philosophie und Kunst. Während seiner Regentschaft wird das Weimarer Hoftheater unter Leitung Goethes gegründet, daraus entstand später das Deutsche Nationaltheater. Die Herzogliche Kunstschule und die

Herzogliche Musikschule, gegründet unter dem Nachfolger Carl Augusts, zogen kreative Köpfe nach Weimar und bildetet den Grundstein für die Bauhaus-Schule, gegründet von Walter Gropius erst 1919, und die Musikhochschule Franz Liszt.

100 Jahre später beendet die Novemberrevolution die Adelsherrschaft und der Samen der Weimarer Republik wird gepflanzt. Nur kurze Zeit darauf beginnt die dunkelste Periode des letzten Jahrhunderts. Weimar wird 1932 zum ersten Sitz der nationalsozialistischen Regierung in Deutschland. Nur 5 Jahre später steht auf dem Ettersberg das **KZ Buchenwald** und ist bis heute ein Mahnmal für die schrecklichen Taten einer fehlgeleiteten Nation. Der römische Dichter und Staatsmann Marcus Tullius Cicero (106-43 v. Chr.) wird auf dem Tor des Lagers mit einem Zitat verewigt. „Jedem das Seine" sind die Worte, mit denen das Regime sein Handeln rechtfertigt. Dabei könnte Gerechtigkeit nicht weniger mit dieser Zeit zu tun haben. Heute ist die Gedenkstätte für Klassenfahrten und Touristen ein lehrreiches Ziel bei einem Besuch Weimars. Das **Gauforum**, ein Monumentalbau und heute größtenteils genutzt von der Stadtverwaltung, erinnert an die großen Pläne

und die Selbstdarstellung der Nationalsozialisten. Interessant und erschreckend zugleich sind die Überreste dieser Regierung, aber auch ein bedeutender Teil einer vielseitigen Geschichte der Kulturstadt, die einst ihre aufklärerischen Wurzeln vergessen hatte.

WEIMAR UND DIE DDR

Auch nach dem Ende des Zweiten Weltkrieges erwartete Weimar keine wirkliche Rückbesinnung, denn die sowjetische Besatzung implementierte eine Herrschaft geprägt von Zensur, Überwachung und Gleichschaltung. Im Bertuchhaus befindet sich heute das 1954 eröffnete **Stadtmuseum Weimar**. Es bietet Ausstellungen und Mittwochsvorträge mit politischem Hintergrund, interessante Einblicke in die Entwicklung der Kulturgeschichte von der Goethezeit bis zur Moderne („Demokratie aus Weimar. Die Nationalversammlung 1919" / „Goethezeit bis zum Jahr 1989"). Außerdem befindet sich auch in der angegliederten **Harry Graf Kessler Kunsthalle** eine umfangreiche Kunstsammlung mit museumspädagogischen Sonderausstellungen, Führungen und Workshops für die Kleinen. Die zahlreichen Angebote sind stets aktuell auf der Internetseite des Stadtmuseum Weimar zu finden.

Die alternative Szene hat sich mit der Punk-Bewegung auch im Osten ausgebreitet und in Weimar bis heute gehalten. Wer aufmerksam durch die Stadt spaziert, sieht viele kleine Kunstwerke. Eine friedliche Art, gegen die verbreitete Einöde und Trübsinnigkeit des Spießbürgertums zu rebellieren. Das Kulturzentrum ACC gegenüber dem Stadtschloss ist seit über 20 Jahren ein Forum zum Diskutieren und Informieren. Im Erdgeschoss befindet sich ein wunderschönes Café mit regionaler Speisekarte und guten Weinen. Darüber liegt die **ACC Galerie** für zeitgenössische Kunst. Außerdem bietet der Betreiber einige gemütliche Ferienunterkünfte in der Innenstadt an. Am Herderplatz sollten Sie unbedingt im **Café Estragon** vorbeischauen, ob für einen leckeren Snack oder den Nachmittags-Kaffee - hier können Sie moderne Gerichte mit gesunden Zutaten in guter Gesellschaft genießen. Beide Lokale achten auf Umweltfreundlichkeit, Biosiegel und saisonales Menü. Wer es ein bisschen dynamischer mag, kann den **Kasseturm** besuchen. Hier gibt es zwar keine

Küche, aber alternative Bands aus der Region und studentische Veranstaltungen zum Informieren, dazu gutes Bier und eine entspannte Atmosphäre. Auch der **Falke** in der Trierer Straße ist ein Treffpunkt für Jung und Alt mit Billardtisch, Live-Musik und fairen Preisen auf der Karte.

Die DDR hat in Weimar ihre Spuren hinterlassen, denn erst seit 1989 werden Fassaden rekonstruiert, Straßen instandgehalten und kulturelle Einrichtungen finanziell unterstützt. So gesehen ist das heutige Weimar eine Antiquität, die erst aufwendig wieder zu ihrem alten Glanz gebracht werden musste und die Einwohner sind stolz darauf, das geschafft zu haben.

Kunstwerke der Moderne finden Sie im **Museum Neues Weimar** hinter dem Atrium und direkt neben der Stadtverwaltung im Gauforum. Eröffnet 1869, repräsentiert es zusammen mit dem Bauhaus-Museum das Weimar nach der Blütezeit der Klassik des Herzogtums und außerhalb des Schatten Goethes. Realismus, Impressionismus und der Jugendstil glänzen hier in wechselnden Sonderausstellungen neben den Werken von Van de Velde und **Nietzsche**, dessen ehemaliges Wohnhaus im Südwesten der Stadt (etwas abseits vom Schuss) das Archiv seiner Schriften beherbergt. Besonders vor dem Zweiten Weltkrieg haben Regierungen seine Theorien absichtlich instrumentalisiert und für die schmierige Propaganda der verblendeten Parteien benutzt. Doch auch der Sozialismus in der DDR versuchte die Aussagen des Philosophen zu verdrehen und dem Parteiprogramm dienlich zu machen. Als Pate des Faschismus wurde Nietzsche fehlinterpretiert und das heißt keineswegs, manche seiner Ansichten wären nicht veraltet, engstirnig und fremdenfeindlich. Doch man muss bei der Geschichte bedenken, dass es nun mal zum Wesen der Vergangenheit gehört, im Vergleich zur Gegenwart blass zu wirken.

Karl Marx selbst schrieb einst: „Die Philosophen haben die Welt nur verschieden interpretiert, es kommt drauf an, sie zu verändern!" Und verändert hat die DDR ganz Europa. Nietzsche aber hielt nicht viel von Veränderungen, von der Kunst hingegen weitaus mehr. Diese Gabe der Menschheit sollte auch dem Philosophen zu folge gefördert werden. Der moderne Mensch „muss in einer modernen Umgebung leben, er muss moderne Formen um sich haben, um auch neu denken zu können". Er hätte sich niemals träumen lassen, wie der neue Mensch sich entwickeln würde und wie viele seiner Werte und Gepflogenheiten heutzutage dem neuen Denken widersprechen.

Weimar und der Tourismus

D ie Weimarer schätzen die Schönheit und das Erbe der Stadt, daher sind Besucher immer will-kommen. Mit rund 65 000 Einwohnern ist die Perle an der Ilm die kleinste Studentenstadt im Vergleich zu Erfurt und Jena. In der Hauptstadt leben dreimal so viele Menschen und die Forschungsstadt hat eine doppelt so hohe Einwohnerzahl. Anders als im Norden Deutschlands oder im Ruhrgebiet, gibt es keine markanten Eigenarten. Die Weimarer sind freundliche, hilfsbereite und höfliche

Menschen, die gerne den Weg weisen, sollte man sich einmal verlaufen. Allerdings ist die Stadt mit 84,48 km² recht klein, die einzige Gefahr sich zu verlaufen, sind die vielen schmalen Gassen. Sie sollten aber nicht in Panik geraten, denn man befindet sich nie weiter als 500 Meter von der nächsten Sehenswürdigkeit oder einem schö-nen Brunnen entfernt. Ich würde Ihnen sogar raten, ein wenig planloser durch Weimar zu spazieren, denn nur so finden Sie einen kleinen, romantischen Laden mit unentdeckten Schätzen. Ein schönes Ge-dicht gibt es von Johann Peter Eckermann, einem Vertrauten Goethes mit dem einfachen Titel „Weimar". Es beschreibt das Kleinod sehr treffend und eignet sich wunderbar als kleine Würdigung, sollte man Freunde in Weimar besuchen.

Weimar
Glücklich Weimar! - Von den Städten allen
Bist du, kleine, wunderbar bedacht;
Man wird stets zu deinen Toren wallen,
Angezogen von der heil'gen Macht;
Und man wird nach großen Männern fragen,
Die in schönen Zeiten hier gestrebt,

Und mit edlem Neid wird man beklagen,
Dass man mit den Edlen nicht gelebt.

Mehr als 200 Jahre später könnte man meinen, Goethes Freund wäre Hellseher gewesen. Die Stadt an der Ilm zieht inzwischen mehr Wissbegierige an als je zuvor. Die Tore stehen jedem offen, der mit Respekt und guten Absichten hindurchgeht, um von den großen Männern und auch großartigen Frauen zu hören und um auf ihren Spuren zu wandern. Die Weimarer teilen ihr reiches Erbe und vermitteln so viel Wissen wie möglich. Als Studentenstadt gedeihen auf diesem Boden neue Ideen sehr gut und auch die Besucher sollten dafür offen sein.

DIE WICHTIGSTEN REGELN FÜR IHREN BESUCH

Der gewöhnliche Tourist verfällt nur all zu leicht in einen Trab mit Scheuklappen auf der Suche nach der nächsten namhaften Statue. Versuchen Sie das zu vermeiden und lassen Sie sich auf die Stadt ein. Sollten Sie doch den Überblick verlieren, sind an jeder Ecke Schilder mit Richtungspfeilen und

Entfernungsangaben angebracht. Oh, und wundern Sie sich nicht, wenn einige Alteingesessene Ihnen unbekannte Begriffe nutzen. In Thüringen ist es nicht unüblich, dass in der Umgangssprache auch mal ein wenig regionaler „Slang" reinrutscht. Das Ilmthüringisch klingt gewöhnungsbedürftig, aber freundlich und locker, denn „in Düringen schwoatzt fast jeder anersd". Haben Sie keine Vorurteile und versuchen Sie entspannt, Missverständnisse aus dem Weg zu räumen. Einige weitere Tipps finden Sie in diesem Kapitel.

Sie sind sicher schon einmal in die Rolle des Gastgebers geschlüpft, ob für Freunde oder die Verwandtschaft. Man bemüht sich allen eine schöne Zeit zu bereiten und ist selbst erst zufrieden, wenn alle Gäste ein Lächeln auf den Lippen haben. Also möchte ich hier einige Anregungen für ein fröhliches Miteinander auflisten, denn Weimar ist täglich Gastgeber für zahlreiche Besucher aus aller Welt.

• Seien Sie kein Egoist. Wer anderen den Blick auf eine Sehenswürdigkeit ständig blockiert, sorgt für Unmut und macht sich keine Freunde.

• Achten Sie auf Ihre Umgebung. Weimar ist eine kleine Stadt mit schmalen Straßen, daher kann es passieren, dass Reisegruppen einem im Weg stehen. Die Weimarer leben und arbeiten hier. Lassen Sie die Einwohner vorbei. Man weiß nie, wer es gerade wirklich eilig hat.

• Seien Sie spontan. Sollte ein Lokal oder Museum auf Ihrer Liste aus besonderem Anlass geschlossen haben, lassen Sie den Kopf nicht hängen. In dieser Stadt gibt es so viel zu entdecken, dass sich der Frust nicht lohnt.

• Bescheidenheit ist eine Tugend. Egal, woher Sie kommen, Weimar will nicht mit diesem Ort konkurrieren. Wenn es woanders schöner ist, dann planen Sie doch die nächste Fahrt dorthin.

• Das Essen wird nie genauso schmecken wie bei Oma. Jedoch ist das kein Grund, der Bedienung das Familienrezept zu erläutern. Thüringen ist Kloß-Land und der Senf auf der Rostbratwurst ist Pflicht. Probieren Sie es mal anders als daheim.

Fun Fact: Der Name der Wurst stammt aus dem althochdeutschen Brāto = gehacktes schieres Fleisch. Nicht, wie man annehmen könnte, von der Zubereitung in der Pfanne. Im Staatsarchiv Weimar liegt das älteste bekannte Rezept der Thüringer Wurst aus dem Jahr 1613.

• Bequeme Schuhe gehören unbedingt zur Grundausstattung. Die Innenstadt besteht zu 85 % aus Kopfsteinpflaster und Sie möchten nicht auf den Boden schauen, sondern die wunderschönen Gebäude, die Kunst und die Natur auf sich wirken lassen. Daher packen Sie Ihre Lieblings-Sneaker in einen bequemen Rucksack ein.

• Seien Sie aufmerksam. Es ist eine Studentenstadt. Diese Studierenden haben oft ein ungeahntes Talent für Musik und Kunst. An Schönwetter-Tagen ist die Stadt voller Straßenmusiker, von denen viele nur ihr Talent zeigen wollen und nebenbei ein wenig Taschengeld verdienen. Hören Sie hin, sehen Sie hin und versuchen Sie es zu würdigen.

TIPPS UND ANREGUNGEN

Das sind nur einige Tipps, die Ihnen und dem Gastgeber helfen sollten. Im Allgemeinen gelten die gleichen Regeln wie auch woanders. Achten Sie auf Ihre Wertgegenstände, da Taschendiebe arglose Touristen besonders bevorzugen. Weimars Innenstadt ist größtenteils für Autos gesperrt, aber dennoch müssen Hunde an der Leine geführt werden und Kinder sollten nach Möglichkeit nicht unbeaufsichtigt die Straßen erkunden. Selbstverständlich dienen Bänke entlang der Spazierwege der Erholung, aber Sie werden feststellen, dass viele von Jugendlichen oder Senioren in Beschlag genommen werden. Das sind meistens Einwohner, die hier seit Langem ihre Treffpunkte haben und Sie sollten nicht verzagen, falls in der Schillerstraße kein einziger Sitzplatz frei ist. Am Markt und am Frauenplan sowie am Goetheplatz und vor der Herderkirche gibt es genügend Bänke für alle. Weimar hat an jeder Ecke Mülltonnen, die benutzt werden können und dürfen und in der Innenstadt befinden sich einige gut erreichbare (gepflegte, kostenpflichtige) öffentliche Toiletten:

- Am Kasseturm
- Am Theaterplatz
- Am Markt (neben Tourist-Info, Markt 10)
- Am Ginkgo-Museum (am Frauenplan)
- Am Historischen Friedhof (beim Museum für Ur- und Frühgeschichte)

Daher kann es nicht schaden, vor allem beim Ausflug mit der Familie, einige Zwischenhalte zu planen. So haben Sie immer einen Überblick und können kurz Pause machen, sollten die Kleinen müde vom Laufen sein. Wer mit dem Auto kommt, muss es stehen lassen, sobald Weimar erreicht ist. Das kann in der Feriensaison, zu Festivals und auch an sonnigen Tagen, besonders am Wochenende, problematisch sein, weil es in der Stadt nur eine Handvoll Alternativen zu den kostenpflichtigen Parkhäusern gibt. Leider sind die Parkhäuser für die meisten Besucher die beste Lösung. Hier befinden sich die Parkmöglichkeiten im Zentrum:

- Jorge-Sempùr-Platz
- Hermann-Brill-Platz
- Gerhart-Hauptmann-Straße
- Beethoven-Platz
- Schützengasse

Im nächsten Kapitel erfahren Sie einige interessante Fakten über die Sehenswürdigkeiten, die für Ihren idealen Spaziergang unbedingt auf dem Plan stehen sollten. Aber als Erstes möchte ich Sie darauf hinweisen, dass Sie zum Ausruhen und Erholen hier sind. Weimar ist ein Kleinod und daher wunderbar geeignet, die Alltagssorgen für eine Weile ganz weit unten im Prioritätenschrank verschwinden zu lassen. Gönnen Sie sich einen Aufenthalt an einem der schönen Brunnen z. B. am Herderplatz, am **Frauenplan** oder am Neptunbrunnen auf dem **Markt**. Bewundern Sie in Ruhe das **Cranachhaus** und schlecken Sie dabei ein Eis oder besuchen Sie den **Weimarhallenpark**, von dem aus das wunderschöne **Schwanenseebad** leicht zu erreichen ist, sollten die Kleinen keine Lust auf Spazieren und Spielen an Land haben.

Auch der **Historische Friedhof** eignet sich wunderbar zum Ausruhen, wenn Sie schon alle Denkmäler bewundert haben. Es kann sehr entspannend sein, die Stille zu genießen – natürlich nur mit dem nötigen Respekt. Hier ist die russische Großfürstin und Herrin Maria Pawlowna Romanowa, die Goethe als „eine der besten und bedeutendsten Frauen ihrer Zeit" beschrieb, begraben. Auch der Dichter fand hier seine letzte Ruhestätte in der **Goethe-und-Schiller-Gruft**. Die **Russisch-Orthodoxe Kapelle** ist besonders sehenswert, sie wurde auf russischer Erde erbaut und ist der Mittelpunkt des Friedhofs.

Nebenan befindet sich den **Henry-van-de-Velde-Bau**, dieser gehört zur Bauhaus Universität und ist ein schönes Beispiel für Architektur in gelungener Verbindung mit Kunst. Überqueren Sie die Belvederer Allee, stehen Sie am **Liszt-Haus** und nur 200 Meter vom **Ilmpark** entfernt. Er ist schon alleine einen Tagesausflug wert. Hier sehen Sie das **Römische Haus** und das **Deutsche Bienenmuseum**, übrigens lohnt sich der Besuch des Museums nicht nur für Interessierte. Dort befindet sich auch das **Café Immenhof**, das zum Plaudern und Ausruhen einlädt - ganz zu schweigen von dem köstlichen Kuchenangebot.

WANDERROUTEN, LÄDEN UND VERANSTALTUNGEN

Im Übrigen ist das eine sehr schöne, untypische Route, um Weimar zu erkunden. Sollten Sie im Parkhaus an der Schützengasse geparkt haben, ist ein WC keine 200 Meter entfernt und direkt am Frauenplan ist das **Goethehaus**, dessen Besichtigung jeden Cent wert ist (Erwachsene 12 € + 3 € mit Führung), danach kann man gemütlich zum **Wielandplatz** schlendern. Dort ist auch die **Stadtbibliothek.** Wenn Sie kein gutes Buch dabeihaben, kann man hier eins ausleihen. Sie befinden sich auf der Amalienstraße, auf dem Weg zum schönsten Friedhof Thüringens und unweit gelegen ist auch der schönste Park. Möchten Sie jetzt ein kleines Päuschen einlegen? An Sonntagen gehen Sie am besten zur **Villa Haar ins Café D'Este** oder zum Bienenmuseum. Hier gibt es Sonntagsbrunch, Kaffee und Kuchen, aber auch Veranstaltungen. Wenn Sie den Ausflug damit verbinden möchten, finden Sie auf der Internetseite alle nötigen Informationen. Danach auf zu **Goethes Gartenhaus!** Es ist so idyllisch und man spürt den großen Geist, der hier einst um fünf Uhr morgens schon den Tag begann. Ebenso wie sein Stadthaus ist der Garten des Universalgenies voller Schätze. Wer wirklich Interesse an Bauhaus hat, kann einen kleinen Umweg zum **Haus „Am Horn"** einlegen. Wer sich hingegen mehr für historische Bauten begeistern kann, sollte unbedingt **Schloss und Park Belvedere** besichtigen. Hier gibt es auch ein schönes Café und eine sehenswerte Orangerie nebst herrlichem Garten mit exotischen Pflanzen aus aller Welt.

Die Schlossanlage wurde zwischen 1724 und 1732 im Auftrag des Herzogs Ernst August, den Schwiegervater Anna Amalias, im barocken Stil erbaut und ausgestaltet. Sie liegt ganz im Süden der Stadt und sollte mit einer Wanderung oder Radtour verbunden werden. Auch **Schloss und Park Tiefurt** könnte dabei interessant sein, denn an der Ilm entlang kommen Sie nach ca. 9 km ohne große Höhenunterschiede im Nord-Osten Weimars an und können die kleinere Anlage genießen. Hier kommen weniger Touristen hin, vorwiegend wird sie von Weimarern besucht, die die Wiesen gerne zum Erholen nutzen. Wer noch die Ausdauer hat, kann im Anschluss bis zum **Ettersberg** radeln. Hier ist der Höhenunterschied spürbar und verlangt deutlich mehr Anstrengung. Besonders malerisch ist der **Goetheweg** (28 km bis Großkochberg). Jedes Jahr findet eine geführte Wanderung am ersten Samstag im Mai statt. Der Dichter nahm diese Route häufig, um Charlotte von Stein zu besuchen, die einen ganz besonderen Platz in seinem Herzen hatte. Ein grünes G auf weißem Grund markiert den Pfad und auch ansonsten ist der Weg gut gekennzeichnet und mit zahlreichen Pfeilen versehen.

Fun Fact: Die Bankiersgattin von Stein befasste sich tiefgründig mit Literatur und veröffentlichte einige Bände. Sie war des Dichters liebste Freundin und ihrer Zeit ein wenig voraus. „Aber ich habe eine Männerseele und will auf keine Art Fesseln tragen", ließ sie die weibliche Hauptfigur in dem Werk „Die zwey Emilien", welches 1805 veröffentlicht wurde, sagen. So viel Feminismus war für eine Hofdame ungewöhnlich.

Der **Lyonel Feininger Radweg** (ebenfalls 28 km) führt auf den Spuren des Bauhauskünstlers durch die malerischen Dörfer im Weimarer Land. Aufgebaut wie eine Schnitzeljagd, befinden sich an jeder Station Informationskästen mit Abbildungen der Werke, inspiriert von der Architektur der Umgebung. Es ist ein Rundweg, der über Niedergrunstedt, Gelmeroda, Possendorf, Vollersroda und Mellingen verläuft. Er beginnt und endet an der Bauhaus Universität in der Geschwister-Scholl-Straße. In Mellingen lädt das Café Drahtesel zum Verschnaufen ein. Hier können Sie die typische Thüringer Gastfreundlichkeit und die selbst gebackenen Kuchen genießen, bevor es heißt - zurück auf den Sattel.

Der **Lutherweg** ist ein Riese unter den Wanderwegen. Martin Luther ist der Namensgeber und so beeindruckend wie der Reformator, ist auch die 900 km lange Strecke. Der Augustinermönch wanderte unermüdlich fast durch das gesamte Land und das aus Überzeugung. „Zu der Zeit, das das Evangelium anging, saßen die Apostel und ihre Jünger nicht also auf Schlössern, Stiften und Klöstern und marterten die Leute mit Briefen und Geboten zu sich, wie es jetzt die Bischofsgötzen tun; sondern zogen um in die Länder als die Pilgrim, und hatten weder Haus noch Hof, weder Raum noch Stätte, weder Küche noch Keller." Aber Sie müssen dem ja nicht unbedingt nacheifern. Es ist auch mit einem weniger hochgesetzten Ziel eine Herausforderung, die An- und Abstiege durch die Wälder zu meistern. Die Strecke zwischen Erfurt und Bad Berka ist besonders malerisch und erfahrungsgemäß für Anfänger nicht zu schwierig. Allerdings ist die Gestaltung Ihrer Wanderung ganz Ihnen überlassen. Wer ein Abenteuer sucht, wird entlang des Weges sicher fündig.

Wer sich hierfür entscheidet, sollte gründlich überlegen, welche Etappe geeignet ist. Ein grünes stilisiertes L auf weißem Grund markiert den Verlauf der Routen inmitten Thüringens und der Weg wird rund ums Jahr von der Lutherweg-Gesellschaft instandgehalten. Auf der Website finden Sie auch alle nötigen Informationen, Karten und eine Übersicht der Sehenswürdigkeiten an jedem Zwischenhalt.

Falls Sie aber nicht die Zeit für weite Stecken haben, bleiben Sie lieber in Weimar und erkunden Sie die Stadt gründlich. Der Ilmpark hat zwei große Brücken, die ins Zentrum führen. Überqueren Sie die Sternbrücke, so kommen Sie direkt zum **Stadtschloss mit Bastille.** Hier finden Sie eine große Kunstsammlung der Klassik Stiftung Weimar mit Führungen durch die Dichterzimmer. Bis 2030 wird das Schloss saniert und soll im Anschluss die Besucher noch mehr in seinen Bann ziehen.

Die Kegelbrücke liegt am **Goethe- und Schiller-Archiv** und führt zur **Albert-Schweizer-Gedenk- und Begegnungsstätte.** Ersteres wäre die bessere Wahl für einen entspannten Ausflug, denn vom Stadtschloss sind es nur wenige Minuten bis zur **Anna-Amalia-Bibliothek.** Beachten Sie bitte, dass die Einrichtung nur wenige Besucher am Tag empfängt. Informieren Sie sich bitte vorab über

Eintrittskarten und Termine.

> Hinweis: Auch wenn die Büchersammlung mehr an ein Museum erinnert, ist es dennoch eine Bibliothek. Daher sollten Besucher die Lautstärke auf ein Minimum reduzieren. Außerdem sind viele der Bücher sehr alt und empfindlich. Also bitte nicht berühren.

Am Ackerwand ist die **Weimarer Mal- und Zeichenschule,** wo für die Kleinen vielfältige Kurse angeboten werden. Wer es interessant für die jüngsten Familienmitglieder halten will, plant einen Besuch unbedingt ein. Danach können Sie zum Markt und zum **Herderplatz** durch die schönen Gassen schlendern. Direkt zum UNESCO-Weltkulturerbe **Herderkirche** (Stadtkirche St. Peter und Paul mit dem wunderschönen Cranach-Altar) kommen Sie über die Kaufstraße, welche sich rechts vom Rathaus am Markt befindet. Daneben ist das **Herderhaus** und der anliegende **Herdergarten,** den man an sonnigen Tagen unbedingt besuchen sollte. Hier finden Sie auch das **Krims-Krackow-Haus** und unweit davon die **Jakobskirche.**

Tipp: Das Haus der Familie Krims ist heute ein Museum für die Wohnkultur der Goethezeit. In den Räumen waren Hans Christian Andersen und Franz Liszt regelmäßig zu Gast. Der Blumengarten im Hof ist eine wahre Perle und ideal für pittoreske Fotos oder auch ein Selfie.

So ein Spaziergang lässt sich wunderbar mit einem kleinen Shoppingtrip verbinden. Auf dem Weg liegen zu beiden Seiten kreative Geschäfte, regionale Souvenirläden und Kunsthändler. Es seien hier nur einige Beispiele zu nennen, denn ich möchte Ihnen nicht die Freude rauben, selbst eines dieser herrlichen Schmuckstücke zu entdecken. In der Windischenstraße befinden sich **Der Schmuckler** – wie der Name sagt, finden Sie hier Accessoires, allerdings sehr individuelle. Geheimnisvoll elegant wäre meine Umschreibung. **Die Stadtelster** in der Geleitstraße bietet ebenfalls Schmuck an. Klassisch, Ginkgo-Motive romantisch eingebunden. Der **Bauhaus Store** am Markt handelt mit kunstvollen Kleinigkeiten und Einrichtungsgegenständen im Bauhaus-Stil. Als Mitbringsel eignet sich alles aus dem **Weimar Haus Shop** in der Schillerstraße oder dem wunderschönen Buchladen **Die Eule** in der Frauen-torstraße. Exotisch angehauchte, kunstvolle, esoteri-sche Kleinigkeiten finden Sie im **GoaGoa** in der Brauhausgasse nah dem Frauenplan. Wer etwas ganz Besonderes von seiner Reise mitbringen möchte, besucht **Die Zwillingsnadel** in der Windi-schenstraße. Hier werden Hüte gezaubert aus ver-schiedenen Stoffen von Meisterhand zu entspre-chenden Preisen. Aber wenn man sich wirklich et-was gönnen möchte, findet man hier dieses eine au-ßergewöhnliche Geschenk an sich selbst. Vielerorts in Deutschland wird das Aussterben kleiner, lokaler Meisterbetriebe vermerkt, doch in Weimar könnten die Besucher jeden Tag nur damit verbringen, zwi-schen den Regalen kreativer Läden zu stöbern. Na-türlich gibt es auch mehrstöckige Kaufhäuser, z. B. Das **Schiller-Kaufhaus** oder das **Atrium** neben dem Gauforum, ebenso ganz gewöhnliche Filialen, die meisten davon in der Schillerstraße.

RESTAURANTS, KNEIPEN UND SEHENSWERTES

Dieser Spaziergang könnte schon einen ganzen Tag dauern. Wenn Sie Erholung und keinen Belastungstest suchen, sollten Sie mindestens zwei Tage einplanen und das auch nur, wenn Sie bereit sind, an beiden Tagen 10 000 Schritte zu machen. Die beschriebene Route führt Sie durch den Süd-östlichen Bereich der Stadt und lässt Theater, Kinos und einige Museen für den nächsten Tag außen vor. Vorausgesetzt Sie möchten auch ein wenig von dem Nachtleben sehen, sollte der Stadtspaziergang schonend genug sein. Wer lieber in der Natur ist, kann sich in **Rosinis Backwerkstatt** am Markt über aktuelle Kurse für Klein und Groß oder Wildkräuterwanderungen informieren.

Tipp: Solche individuellen Angebote werden nicht groß beworben. Trauen Sie sich, die Händler anzusprechen. Viele kleine Betriebe freuen sich über die Nachfrage und teilen gerne ihr Wissen.

Weimar hat viel zu bieten und auch wenn Sie kein Interesse an Kunst oder Historie haben, werden Sie das Richtige für sich finden. Schöne Cocktails gibt es z. B. im **Planbar**, mit Tanzfläche finden Sie im **C-Keller** ebenfalls coole Drinks und feuchtfröhliche Gesellschaft. Einen herrlichen Besuch beim Italiener erleben Sie im **Mi Piace,** wo Sie bei schönem Wetter auf der Terrasse einen klassischen Aperol Spritz genießen können. Das **Gretchen** hat eine ruhige Dachterrasse und mit der kreativen Menüauswahl ist es immer einen Besuch wert. Typisch Thüringer Kneipe mit rustikalem Charme ist der **Gasthof Luise**, wer es authentisch mag, ist hier richtig. Aber rechnen Sie nicht mit dem Verwöhnprogramm eines Sterne-Restaurants, das gibt es allerdings im **Café Anno 1900** und im Hotelrestaurant des Weißen Elephanten **AnnA**. Es ist also für jeden etwas dabei.

Meine Empfehlung ist der Brunch im **Café Donndorf**. Bitte frühstücken Sie hier, wenn es Ihr Zeitplan zulässt. Ansonsten wäre es meine Wahl für den Nachmittags-Kaffee, denn die selbstgemachten Kuchen sind zum Niederknien. Wer an einem Sonntag kommt, sollte einen Brunch hier einplanen.
Auch das **Café Wünsch dir was** liegt am Markt und

begeistert mit einer interessanten Vielfalt. Für den zweiten Tag Ihres Besuchs wäre ein Zwischenhalt hier genau richtig, sollten Sie Appetit auf etwas Neues haben. Die Küche spezialisiert sich auf Frühstücksangebot und Hausgemachtes.

Für den Abend empfehle ich den **Salon Konetzny** nah der Bauhaus Universität in der Humboldstraße 18. Es ist eine simple Bar, in der manchmal Live-Musik aller Richtungen gespielt wird. Mit den richtigen Freunden kann man hier einen entspannten Ausklang nach dem langen, informationsreichen Sightseeing-Walk genießen. Die Preise sind studentisch fair und das Bier schmeckt, wie es soll.

Wer vorher noch zwei Stunden Zeit hat und keine Lust auf Laufen, besucht am besten das **Lichthaus Kino**. Hier werden alternative Filme gezeigt, die es selten auf die große Leinwand von Cinestar schaffen. Die Atmosphäre ist locker, die Sitze gemütlich und die Karte kostet unter 8 €, daher stimmt das Preis-Leistungs-Verhältnis und für gute Unterhaltung mit Mehrwert ist gesorgt. Wer lieber mehr vom Nachtleben sehen möchte, geht ins **Projekt Eins** am Theaterplatz. Es ist ein Treffpunkt für Studierende und bietet musikalische Veranstaltungen aller Art - von tanzbar bis hörenswert. Auch das **E-Werk Kessels-aal** bietet an ausgewählten Terminen spannende Events in einer der coolsten Locations Weimars. Besonders zum **Genius Loci Festival** Anfang September, wenn kreative Lichtprojektionen die Wände in Kunstwerke verwandeln, bietet sich hier eine atemberaubende Bühne für Theater, Musik und Tanz. Beteiligt daran sind je nach Themenvorgabe das Deutsche Nationaltheater, das **mon ami** (Jugendtheater) und das Bauhaus-Museum.

Wo Sie am Ende am liebsten gewesen sein wollen, ist ganz Ihre Entscheidung. Denn so groß die Auswahl auch ist, an zwei Orten gleichzeitig kann niemand sein. Planen Sie daher Ihren Besuch mit Blick auf die jeweiligen Termine, die Ihrem Interesse entsprechen. Besonders zur Festivalsaison kann die Entscheidung schwerfallen. Das **Kunstfest** im Spätsommer und der **MDR-Musiksommer** sind spannend für die ganze Familie. Von Juni bis August finden wunderschöne Konzerte an ungewöhnlichen Orten in ganz Weimar statt. Wer es nicht so mit der Musik hat, besucht die Stadt besser im Herbst. Das **Zwiebelfest** ist das größte und älteste Volksfest in Thüringen. Sie können davon ausgehen, dass zu diesem Anlass zahlreiche Attraktionen aufgefahren werden.

> Tipp: So ein Volksfest bietet zahlreiche Stände mit Thüringer Spezialitäten. Probieren Sie auch mal einen Mutzbraten, statt immer nur zwischen Bratwurst und Brätel zu wechseln.

Ende August findet alljährlich das **Goethe-Weinfest** auf dem Frauenplan statt. Für Kenner, Genießer und Interessierte präsentieren Winzer und Händler Weine aus der Region, Spezialitäten aus Wurst und Käse und musikalische Unterhaltung wird ebenfalls geboten. Auch im Frühling feiert die Stadt mit Musik, Theater und Kabarett. Das **Köstritzer Spiegelzelt** am Beethoven Platz ist da besonders sehenswert.

ANREISE UND UNTERKUNFT

Weimar liegt zwischen Erfurt und Jena, ist daher bestens mit dem Auto zu erreichen. Der einzige Nachteil an der Anreise mit dem Auto sind die eingeschränkten Parkmöglichkeiten. Viele Plätze sind ausgeschildert und erlauben nur zu bestimmten

Zeiten die Nutzung der Flächen zum Parken oder sind Anwohnern vorbehalten. Am besten ist es, das jeweilige Hotel oder die Unterkunft vorab darauf anzusprechen. Dort bekommen Sie die zuverlässigste Information dazu. Auch mit dem Fahrrad ist Weimar gut erreichbar, da einige Radwege hier kreuzen und der Vorteil für Sie ist die Möglichkeit, ganz Weimar in nur einem Tag zu erkunden. Zu Fuß sollten Sie mindestens zwei bis drei Tage einplanen und viel Geduld haben oder sich mit den öffentlichen Verkehrsmitteln vertraut machen. Eine Tram gibt es in Weimar nicht. Buslinien verkehren überall hin und Sie sollten keine Scheu haben, nachzufragen, welche Linie Sie am schnellsten zu Ihrem Ziel bringt. Ticketschalter befinden sich nicht wie üblich an der Haltestelle, sondern können beim Fahrer, am Schalter auf dem **Goetheplatz** und der Touristen-Information am Markt 10 erworben werden.

> Tipp: Ich empfehle Ihnen ein Tagesticket für 5,40 €. Es gilt den ganzen Tag im gesamten Stadtgebiet. Für bis zu 5 Personen kostet die Gruppentageskarte 10,50 €. Sollten Sie keinen weiten Weg haben, gönnen Sie sich bitte einen Spaziergang oder nutzen die Einzelfahrtkarte für 2,10 €.

Die Anreise mit dem Zug ist mir immer am liebsten, denn vom Bahnhof aus lässt sich die Stadt wunderbar erkunden. Ein Rundgang durch ganz Weimar (Ruhepausen, schönes Mittagessen und abendliches Vergnügen inklusive) dauert bis zu 10 Stunden und wird nur den hartgesottenen Spaziergängern empfohlen. Ausgestattet mit dem vollgeladenen Handy (walk smart, not hard), immer mit dem Lieblingsgetränk im Rucksack und viel Vorfreude, kann man hier zu Fuß starten. Bis zum Theaterplatz, an dem Goethe und Schiller die Besucher begrüßen, dauert es nur 20 Minuten. Von hier aus muss man sich für eine Richtung entscheiden oder sich auf seinen Plan verlassen. Am besten aber lassen Sie sich von Ihrer Neugier lenken und gehen aufmerksam über das Pflaster dieser Kulturstadt.

Wer über Nacht bleibt, muss schon einige Wochen

im Voraus ein Zimmer oder die Ferienwohnung buchen, denn Weimar ist sehr beliebt bei den Touristen. In den Ferien und an besonderen Tagen, z. B. um die Weihnachtszeit oder zu Ostern sowie während der Festivalsaison, ist es nicht leicht, eine günstige Unterkunft spontan zu bekommen. Hier sind einige Tipps, allerdings alles ohne Gewähr, da Preise und Verfügbarkeit stark von der Nachfrage und Saison abhängen. Da mir persönlich ein gutes Frühstück wichtig ist, bieten fast alle genannten Pensionen und Hotels ein reichhaltiges Frühstücksbuffet an. Natürlich hat Weimar auch Zimmer für den schmaleren Geldbeutel und einige **Jugendherbergen und Hostels** (vier an der Zahl, alle zentrumsnah), die für einen Zwei-Tage-Ausflug völlig ausreichen. Das Schönste ist das **Labyrinth** am Goetheplatz. Es ist ein kleines und stets sauberes Hostel, keine fünf Minuten vom Theaterplatz gelegen. Hier sind meine vier getesteten und bewährten Favoriten, die zentrumsnah und dennoch preisgünstig sind.

• **Pension Charlotte**

EZ: 19 €; DZ: 35 €

Lage: zwischen Bahnhof und Zentrum

Ausstattung: sehr schlicht, aber sauber

• Pension 18 Über'm Goethepark

EZ: 35 € - 55 €; DZ: 65 € - 79 €

Lage: 1 km zum Bahnhof, 5 Minuten zum Stadt-schloss

Ausstattung: 90er Jahre Flair, Retro-Chic

Besonderheit: Haustiere erlaubt

• stattHotel

EZ: ab 60 €; DZ: ab 70 €

Lage: sehr zentrumsnah, 2 km zum Bahnhof

Ausstattung: Bauhaus/Artdeco, gehoben

Besonderheit: Buffet ist ausgezeichnet und kreativ, Hunde auf Anfrage erlaubt

• Ferienwohnung Am Herderplatz

Preis: ab 75 € (je nach Personenzahl bis 180 €)

Lage: an der Herderkirche

Ausstattung: schmuckvolle Möbel, ideal für Familien

Besonderheit: Leider kein Frühstück, aber schöne Küche zum Selbstkochen!!!

Die jeweiligen Adressen und aktuellen Preise sowie Kontaktdaten für die Buchung finden Sie im Internet, denn jede Unterkunft bietet ein Portfolio auf ihrer Website. Bei Interesse schauen Sie sich bitte auch die von der **ACC Galerie Weimar** angebotenen

Zimmer und Ferienwohnungen an. Die aufgezählten Favoriten sind nur meine liebsten Unterkünfte für einen schönen Aufenthalt in Weimar und die mit dem besten Preis-Leistungs-Verhältnis.

Wer es grüner mag, findet im **Weimarer Land** malerische Häuser, die nicht nur Selbstverpflegung, sondern auch Rundumservice bieten. Verständlicherweise variieren die Preise je nach Saison und Nachfrage. Aber es ist möglich, eine Unterkunft ab 70 € pro Person und Nacht inklusive Frühstück zu finden.

ABSEITS VON KULTUR UND HISTORIE

Eigentlich ist nichts unmöglich, es bedarf nur mehr Aufwand, große Ziele zu erreichen. So viel weiß jeder. Wenn Sie nun noch Zweifel haben oder Ihre Reiselust noch nicht ausgereizt ist, beachten Sie zusätzliche Möglichkeiten abseits von Kultur, Bewegung, Shopping oder Unterhaltung. Verbinden Sie doch mal Ihre Reise mit Wellness. Zahlreiche Anbieter haben unterschiedliche Behandlungen auf ihrer Liste und können Ihren Ausflug zu einem richtigen

Erholungsurlaub machen.

Das tollste Angebot finden Sie im **Romantik Hotel Dorotheenhof.** Für 3 Tage kostet der Aufenthalt 129 € pro Person und beinhaltet die Nutzung des hoteleigenen Wellnessbereiches und ein reichhaltiges Frühstücksbuffet. Das Erholungsangebot ist so ausschweifend und wohltuend, dass Sie gar nicht mehr die Heimreise antreten wollen. Dieses luxuriöse Paradies befindet sich im Süden Weimars und lädt zum Ausruhen ein. Mitten im Grünen gelegen, entdecken Sie hier einen Garten Eden, um die Welt für eine Weile zu vergessen. Sehr empfehlenswert!

Im Beautysalon **Relax and Care Weimar (Rudolf-Breitscheid-Straße 31)** können Sie einzelne Behandlungen alleine oder zu zweit für Freundinnen oder Kumpels (Ja! Auch die männlichsten Männer brauchen manchmal eine Auszeit und ein wenig Pflege.) in Anspruch nehmen. Die Preisliste fängt bei 25 € an und kann bis zu 180 € reichen. Selbstverständlich ist der Besuch jeden Cent wert, wenn man sich für Wellness begeistern kann oder eine Massage wirklich nötig hat. Manchmal liegt die Anspannung gar nicht an dem stressigen Alltag, sondern steckt einem schon seit Jahren tief in den Knochen.

Kompetent und kundenorientiert!

Sollten Sie an professionellen Wellnessangebo-ten kein Interesse haben und lieber Action suchen, kann Weimar auch hier etwas Passendes bieten. Im **Bike Park Tiefurt** (nur 800 m vom Schloss Tiefurt entfernt) hat die Weimarer Jugend wieder einmal gezeigt, was mit Ideenreichtum und Enthusiasmus geschaffen werden kann. Wer sich für Freeride und Dirtfahren oder allgemein Querfeldein-Touren inte-ressiert, kann hier auf unterschiedlichen Strecken sein Können testen. Schutzkleidung ist natürlich Pflicht! Besonders für Familien mit Jugendlichen, für Sportliche und Adrenalin-Junkies ist diese Abwechs-lung genau richtig.

Auch eine gute Idee ist **Camping**. Ja, auch das finden Sie in Weimar. Die kleineren Camping-Anla-gen direkt am **Park Tiefurt** am Ufer der Ilm und die Anlage auf dem **Ettersberg** sind gepflegt und Letz-tere bietet auch ein Schwimmbad. Budgetfreundlich, familiär und naturverbunden können hier Erleb-nisse für Groß und Klein tolle Eindrücke hinterlas-sen. Das Wichtigste hierbei ist das Miteinander. Je-der lernt die Natur so am besten kennen, denn im modernen Stadtleben bleibt oft kein Raum zum

Erkunden, Ausprobieren und Nachdenken. Manchmal kann es helfen, so einen Rückzugsort im Freien zu haben und gemeinsam mit den liebsten Menschen Ausflüge entlang der Ilm oder in den Wald zu unternehmen. Gelegentliche Besuche der Eisdielen Weimars sind natürlich erlaubt. Allerdings darf nichts vom Stadtgedränge Ihr Zen aus der Ruhe bringen. Regen Sie sich also nicht unnötig auf. So kehren Sie auch ganz ohne kostspieligen Aufenthalt in einem der wunderschönen Luxushotels zufrieden und erholt zu Ihrem Alltag zurück. Womöglich bringt es sogar die Familie oder die Freunde näher zusammen. Auch wenn Camping kein Allheilmittel ist, weiß jeder, dass gemeinsame Erlebnisse Vertrauen stärken und positiv auf die Psyche wirken können. Die Preise variieren natürlich je nach Saison, Personenzahl und Ausstattung. Alle Informationen dazu finden Sie auf der Website des jeweiligen Anbieters.

Übrigens lohnt sich auch ein Ausflug zum **Schloss Ettersburg** und zur **Gedenkstätte Buchenwald.** Das ehemalige Konzentrationslager wird nicht für Kinder unter 12 Jahren empfohlen, da die Anlage sehr gut erhalten ist und wichtiges Informationsmaterial verstörende Fotos und Abläufe darstellt. Der Besuch ist zudem kostenfrei und außerordentlich prägend. Aus persönlicher Erfahrung kann ich Eltern nur raten, auch Kinder mitzunehmen, aber beim Rundgang stets zu beaufsichtigen.

Hinweis: Dies ist ein Mahnmal, eine Ruhestätte und nicht zuletzt ein Zeuge menschlichen Elends. Empathie, stilles Nachvollziehen und Verarbeiten sind angebracht. Sollten die Kinder nicht in der Laune für den Besuch sein, verschieben Sie ihn lieber.

SONJA ALTHAUS

Budget, Tipps und kreatives Reisen

Im Allgemeinen sollten Sie ein Budget von 120 € bis 200 € pro Tag einplanen, wenn Sie in Weimar übernachten wollen. Dabei entfallen ca. 60 € auf die Unterkunft und mit der **Weimar Card** (32,50 €/gilt 48 Stunden/inkl. einer Stadtführung) sparen Sie die Kosten für Bus- und Museumstickets. Wenn kein Besuch im Theater oder Kabarett geplant ist, wäre damit das Kulturprogramm gedeckt. Für 20 € können Sie in einem der zahlreichen Restaurants ein mehr als zufriedenstellendes Mahl genießen, denn dank der Konkurrenz untereinander bieten die meisten Lokale gutes Essen auch zum fairen Preis an.

Kostenintensiver können Souvenirs ausfallen. Wer auf den Geldbeutel achten möchte, bringt am besten ein schönes Blatt vom **Goethe-Ginkgo** seinen Liebsten mit. Der Baum wurde 1815 hinter dem Stadtschloss in der Puschkinstrasse vom Hofgärtner, auf Goethes Bitten hin, gepflanzt.

Fun Fact: Der Dichter selbst hat den Baum nie in seiner ausgewachsenen Pracht gesehen. Die in China beheimatete Art wächst sehr langsam. Zu Goethes Lebzeiten war der Ginkgo kaum drei Meter hoch.

In dem Gedicht **Gingo biloba** kleidete Goethe seine Gefühle und Gedanken in wunderschöne Worte. Es wurde 1819 im umfangreichsten Gedichtband mit dem Titel „West-östlicher Divan" veröffentlicht und war Marianne von Willemer gewidmet, die auch einige Stücke zur Gedichtsammlung beisteuerte. Mit der 20 Jahre jüngeren Bankiersgattin verband Goethe eine innige Freundschaft, daher ist es von der persönlichen Interpretation abhängig, wem Sie es widmen möchten. Es ist in jedem Fall ein rührendes Andenken mit kreativer Note.

Im Übrigen können Sie gerne auch jedes andere Gedicht oder sogar eine Kurzgeschichte hierfür aussuchen. Weimar hat an Literatur, Prosa und Dichtkunst wohl zahllose Schätze zu bieten und man kann seine Zeit weitaus schlimmer verbringen als mit dem Stöbern in einer der Buchhandlungen der Stadt.

> Tipp: Eine schöne Handschrift ist wichtig. Es bedarf ein wenig Übung, des Dichters Worte ohne Stolpern zu Papier zu bringen!

Gingo Biloba

Dieses Baumes Blatt, der von Osten
Meinem Garten anvertraut,
Gibt geheimen Sinn zu kosten,
Wie's den Wissenden erbaut.
Ist es ein lebendig Wesen,
Das sich in sich selbst getrennt?
Sind es zwei, die sich erlesen,
Dass man sie als eines kennt?
Solche Fragen zu erwidern
Fand ich wohl den rechten Sinn.

Fühlst du nicht an meinen Liedern,
Dass ich eins und doppelt bin?
Johann Wolfgang von Goethe
(1749 - 1832)

Wer weniger geschickt mit der Feder und dem Tintenfass ist, kann ein eigener Bildband mit Fotos von Spaziergängen, der Radtour oder vom Familienausflug auf dem Weihnachtsmarkt im dm Drogeriemarkt in der Schillerstraße anfertigen lassen. So können Sie ganz private Eindrücke und lustige Momente einfangen und mit besonderen Menschen in Ihrem Leben teilen. Ein **Paradies-Fotoband** kostet zwischen 10 € und 30 €. Bitte beachten Sie, dass abhängig von Ihren Ansprüchen die Dauer der Anfertigung und Zustellung zwei bis fünf Tage betragen kann.

Lassen Sie einfach mal Ihrer Kreativität ein wenig Freiraum. Wo sonst, wenn nicht in Weimar hat der Geist so viel Inspiration? Falls Sie Kinder dabeihaben, ist das Bemalen besonders ansprechender Steine eine beliebte Tradition in Weimar. Wer achtsam ist, sieht mancherorts so einen **„Bunt-Stein"** liegen.

> Tipp: Halten Sie an den zahlreichen Brunnen danach
> Ausschau. Ich habe schon so manchen Stein, der sich
> als bunte Schnecke tarnte, entdeckt und fotografiert.

Ebenfalls unterhaltsam und kostenlos ist die Suche nach **„Fenster-Kunst"**. Wie? Sie sind damit nicht vertraut? Das kann daran liegen, dass nur in Weimar so viele kreative Köpfe ihr Unwesen treiben. In leerstehenden Gebäuden und Schaufenstern verlassener Läden finden sich Dioramen, Gedichtsammlungen und Collagen. Häufig sind es gerade die unscheinbaren, efeubedeckten Häuser, die dieser Art von Kunst Entfaltungsraum bieten.

An manchen Fassaden haben Begnadete **Street Artists** Botschaften versteckt. Manche sind so gut eingebunden, sie werden fast zum Chamäleon und wenn man sie doch entdeckt, ist es immer ein Foto wert. Auf diese Weise lässt sich das lebendige Weimar finden. Allerdings bedarf die Suche besonders viel Geduld und ein gutes Auge für die kleinen Freuden im Leben.

Für Kinder im Alter von 9 bis 99+ finden Sie auf der Internetseite der Stadt eine Broschüre zum Ausdrucken (auch in der Touristen-Information erhältlich) unter dem Titel Weimar für Kinder. Hinter dem **Kinderführer** versteckt sich ein für die Kleinen und praxisorientierten Großen interessanter Ausflugsbegleiter. Viele kurze Erklärungen vermitteln spielerisch Wissen und regen die Fantasie an. Wer die Kinder nicht mit Kultur und Bastelkursen unterhalten möchte, sollte unbedingt eine Kopie in den Rucksack packen. Das **Weimar Haus** (Schillerstraße 16) ist auch in diesem Reiseführer eine Erwähnung wert. Hier wird die Geschichte der Stadt auf visuelle Art vermittelt und bedeutende Ereignisse sowie Persönlichkeiten ins rechte Licht gerückt.

Thüringen mal anders

Haben Sie mehr als zwei Tage zur Verfügung? Vielleicht eine ganze Woche aber wollen nicht zu weit weg von Ihrem Wohnort fahren? Das zentralgelegene Bundesland ist in dem Fall ideal. Es muss nicht unbedingt Weimar sein, allerdings ist die Kulturstadt zusammen mit Erfurt, Jena und Apolda ein interessantes Ziel. Erkunden Sie die Städte in der Mitte Deutschlands am besten mit der Bahn. Die Zugverbindungen bringen Sie immer direkt ins Herz der jeweiligen Metropole und bieten eine sorgenfreie Fahrt hin und zurück.

Besuchen Sie die Landeshauptstadt Erfurt und erkunden Sie alles Sehenswerte mit dem Katerexpress. Stadtführungen werden regelmäßig angeboten und lohnen sich nicht nur aus bildungspädagogischer Sicht. Erfurts Nachtleben und die Bar-Kultur bietet für Nachtschwärmer eine willkommene Abwechslung zum eher ruhigen Weimar und die **Krämerbrücke** über der Gera ist für sonnige Nachmittage mit einem regionalen oder exotischen Bierchen aus dem **Bier-Rufer** in der Hand die perfekte Stelle zum Chillen. Mit dem Zug sind Sie in maximal 15 Minuten am modernen Hauptbahnhof am Willy-Brand-Platz und können immer der Nase nach bis zum Domplatz schlendern. Wie auch in der Goethestadt, ist in Erfurt das Schöne stets nah. Auch hier lassen sich alle Sehenswürdigkeiten in zwei bis drei Rundgängen erkunden.

Tipp: Sind Sie gerne im Mittelpunkt des Geschehens? Ein Nachtmensch mit einer Vorliebe für gute Cocktails? Dann verbringen Sie die Nacht in Erfurt. Ab 23 Uhr beginnt der Einlass immer samstags in jeder Location mit Tanzfläche. Wer früher kommt, hat die Gelegenheit im **Hemingway** oder **Modern Masters** preisgekrönte und typisch amerikanische Drinks zu genießen.

Wenn Sie sich lieber für die Studentenstadt Jena entscheiden, ist ein Besuch des **Carl-Zeiss-Planetariums** ein Muss. Umgeben von begrünten Bergen, liegt das Forscherparadies im Osten des Freistaates Thüringen und lädt zum Bummeln, Bewundern und Beobachten ein. Jena ist jung im Vergleich zu Weimar, aber hat bereits seine eigenen Genies, die auf ihr Denkmal warten.

Wenn Sie noch nicht genug von Schlössern gesehen haben, besuchen Sie bitte die **Dornburger Schlösser**. Oder wie wäre es mal mit einer Burg? Oder gleich drei? Die **Drei Gleichen** ist ein Dreieck bestehend aus mittelalterlichen Bauten, jede thront auf ihrem eigenen Hügel und ist von Wald umringt. Allerdings ist hier ein Auto ratsam, da Sie von Weimar aus 40 km Richtung Westen fahren müssen. Es dauert nur eine halbe Stunde über die A4 und für Interessierte ist es die Mühe mehr als wert.

Planen Sie einen Besuch Weimars zur Weihnachtszeit? Warum nicht? Immerhin gibt es kein schlechtes Wetter, nur falsche Kleidung. Ein Vorschlag wäre der Aufenthalt in einem der einladenden Hotels der Kulturstadt (günstiger in der Nebensaison) in Verbindung mit einem Skiausflug. Wo? Auf dem **Oberhof**. Thüringens beliebteste Skipiste befinden sich nur eine Stunde entfernt. Nach ca. 75 km fühlt man sich wie in den österreichischen Alpen. Der Skipass kostet für Erwachsene 20 € und für Kinder 15 € für den gesamten Tag.

Sollten Sie eine Woche einplanen können, gönnen Sie sich mehr. Weimar ist einen Städtetrip immer wert, aber in Verbindung mit einem Wochen-Konzept kommen Sie in das Vergnügen, ganz Thüringen kennen und lieben zu lernen. Natürlich ist das kostenintensiver, trotzdem lohnt es sich. Wer eine Ferienwohnung im Weimarer Land bucht, mit dem eigenen Auto mobil sein kann und nur mit der Familie unterwegs ist, hat die besten Voraussetzungen in Weimar und Umgebung voll und ganz auf seine

Kosten zu kommen. Es ist eine interessante, abwechslungsreiche und nicht alltägliche Urlaubsreise. Heutzutage ist der typische Tourist mehr mit dem Flugzeug unterwegs und nur die Untypischen erkunden lieber die eigene Heimat. Deutschland hat viel zu bieten. Weimar allein ist eine Perle von vielen.

Checkliste für DEN Städtetrip

Dieser Reiseführer soll Ihnen nicht nur interessante Fakten und Tipps geben, sondern auch Lust auf einen Ausflug machen. Der halbe Spaß ist aber das Planen. Man überlegt, welche Ziele und Wege unbedingt auf die Liste müssen und fragt Freunde und Familie nach ihren Wünschen. Es kann passieren, dass es dabei zu Diskussionen kommt und das ist nicht gut. Lassen Sie sich also nicht davon stressen.

Machen Sie eine Tabelle und gehen Sie logisch vor.

Tragen Sie alle Teilnehmer in die obersten Spalten ein. Die Zeilen werden links mit den jeweiligen Schlagwörtern beschriftet. Angenommen, Sie wählen zwei Wanderwege, Kino oder Theater, drei Restaurants, zwei Museen und in die letzte Zeile tragen Sie den Oberbegriff Sehenswürdigkeit ein. Somit haben Sie eine Tabelle mit drei Spalten (abhängig von der Teilnehmerzahl) und fünf Zeilen. Ohne große Streitigkeiten kann jeder Teilnehmer seine Auswahl eintragen und die Mehrheit entscheidet. Für einen Zwei-Tage-Ausflug ist es ratsam, nur einen Wanderweg zu wählen. Somit steht es in der ersten Zeile schon mal 2:1 und die Route ist gewählt. In Sachen Unterhaltung kann man am ersten Tag das Lichthaus Kino und am zweiten Tag vielleicht das mon ami besuchen, wenn man zu Kompromissen neigt. Wenn es das Budget zulässt, können Sie alle drei Restaurants besuchen. Wer auf die Kasse achten muss, kann in dieser Zeile auch nur zwei Lokale zu Auswahl stellen. Mindestens ein Museumsbesuch gehört auf Ihre Checklist. Gehen Sie beim Festlegen der Kandidaten von den individuellen Interessen und Hobbys aus. Nichts ist schlimmer für einen Stadtausflug als ein stundenlanger Gang durch ein Museum voller

Themen, die den Besucher nur langweilen.

Tipp: Versuchen Sie das Interesse der Teilnehmer für Ihre liebste Ausstellung zu wecken. Das Goethehaus am Frauenplan ist ein Muss, wenn man Weimar zum ersten Mal besucht. Wer schon oft am Kulturprogramm teilgenommen hat, findet vielleicht in der ACC Galerie Weimar etwas Neues für sich.

Die letzte Zeile betrifft die Sehenswürdigkeiten und ist für viele schwer zu koordinieren. Sie sollten hier einen Stadtplan zur Hand nehmen und schauen, welche der genannten Highlights eine passende Route bilden. Hier entscheidet nicht nur die Mehrheit, sondern auch die Ausdauer der einzelnen Teilnehmer. Es kann sinnvoll sein, zwei Routen zu finden, von denen eine kürzer und bequemer ist und mit einem Einkaufsbummel verbunden werden könnte. Die Längere sollte mit einem erholsamen Schlusspunkt belohnt werden, z. B. einem Besuch im Schwanenseebad.

Hinweis: Wenn Sie mit mehr als zehn Personen reisen, macht es Sinn, die Gruppe aufzuteilen und an den zwei Tagen abwechselnd jeweils einen Weg zu nehmen. Sie wollen individuell die Stadt genießen, nicht wie eine Schafsherde von A nach B pilgern. Kleinere Gruppen bieten zudem die Möglichkeit, spontan auf die Neugier der Teilnehmer einzugehen.

Diese Tabelle können Sie beliebig erweitern und anpassen, das System funktioniert einwandfrei mit bis zu 10 Schlagwörtern und weitaus mehr Teilnehmern als im Beispiel angenommen. Allerdings kann das Zeitmanagement schnell vernachlässigt werden, wenn man versucht, es jedem recht zu machen oder man sich schlichtweg übernimmt. Rechnen Sie mit Verzögerungen, denn an Einlassbereichen, bei Toilettenpausen oder durch unerwartete Straßensperrungen kann es immer zu Problemen und Wartezeiten kommen. Im Zweifel planen Sie immer 15 Minuten mehr ein als eigentlich nötig. So vermeiden Sie Stress für sich und für Ihre Lieben. Besonders bei einem Besuch mit Kindern unter 12 Jahren ist es ratsam. Weimar ist voller kleiner, schöner und spannender Neuigkeiten für Kinder, da ist es verständlich, wenn sie nicht bei der Sache bleiben. Ärgern müssen Sie sich darüber aber nicht, denn wer vorausdenkt, muss sich um kleinere Verspätungen keine Sorgen machen.

Außer einem Stadtplan sollte bei der Planung auch ein kleines, handliches Notizbuch auf dem Tisch liegen. Hier können wichtige Telefonnummern und Adressen eingetragen werden. Die Ausflugsziele mit gebuchten Führungen können so schnell kontaktiert werden, falls Ihnen etwas dazwischenkommt. Genauso informiert ein untypischer, guter Tourist auch Restaurants im Falle einer Stornierung, wenn die Reservierung nicht mehr passt. Die Telefonnummern von allen Teilnehmern gehören genauso in dieses Notizbuch wie die Nummer der Rezeption der jeweiligen Unterkunft. Notfälle sind Ausnahmen, auf die man am besten immer vorbereitet sein sollte.

Sollten Kinder unter 12 Jahren bei dem Besuch mit Übernachtungen dabei sein, ist es ratsam, die Abendroutine für das Kind so normal wie möglich zu gestalten. So lassen sich schlaflose Nächte vermeiden und das Lieblingskuscheltier oder -spielzeug muss nicht traurig daheim liegen und warten. Auch ein interessantes Kartenspiel gehört in den

Rucksack für die weniger unterhaltsamen Wartezeiten oder den Besuch im Park. Allgemein planen manche Eltern nicht die Bedürfnisse der Kleinen ein und das kann zu unnötigen Stresssituationen führen. Seien Sie ein untypischer Tourist und sorgen Sie dafür, dass Ihr Kind nicht mitten im Museum schlechte Laune bekommt. Es sollte ruhig ein Mitspracherecht vor der Abreise haben und selbst einige Kleinigkeiten einpacken dürfen.

Auch in Sachen Kulturprogramm kann es nicht schaden, die Interessen der Kleinen zu beachten. Bei all den pädagogischen Angeboten sollten Sie als Besucher den Spaß nicht zu kurz kommen lassen. Also nehmen Sie sich das folgende Zitat zu Herzen: „Es ist nicht genug zu wissen, man muss es auch anwenden; es ist nicht genug zu wollen, man muss es auch tun!". Goethes Worte sind wahre Worte und da lässt Ihr Reiseführer nicht mit sich diskutieren. Sie wissen nun, was in Weimar auf Sie wartet, folglich fehlt nur noch die Tat. Die Umsetzung muss ich leider ganz Ihnen überlassen. Nur einen Tipp gebe ich noch mit auf den Weg – wer neue Pfade gehen will, findet auf vertrauten Spuren niemals hin.

Das Ende ist auch immer ein Anfang

Lieber Leser,

der Reiseführer-Teil ist damit abgeschlossen. Im letzten Kapitel geht es eher um das Reisen im Allgemeinen und um Menschen im Allgemeinen und um das Leben… im Allgemeinen. Ich würde Ihnen nur zu gerne auch dafür eine kleine Anleitung mit auf den Weg geben, wenn Sie gestatten.

„Eine Reise ist ein Trunk aus der Quelle des Lebens" schrieb einst Friedrich Hebbel und ich muss dem Schriftsteller ganz klar recht geben. Man verreist, um nicht mehr dort zu sein, wo einem die Decke auf den Kopf fällt oder uns die alltäglichen Sorgen nicht zur Ruhe kommen lassen. Ich habe schon so manche Reise gewagt und dabei mehr mich selbst kennengelernt als den Urlaubsort. Und auch das kann richtig sein. Richtig ist in diesem Zusammenhang immer das Jeweilige, das Sie entlastet. Packen Sie Ihre Checklist also nicht so voll - man weiß nie, wann man einen Moment oder eine kleine Ewigkeit in sich selbst verweilen möchte, statt Fotomotive zu jagen. Gönnen Sie sich einen Krug von diesem Trunk ruhig öfter. Auch ein Tagesausflug kann schon ein wohltuender Durstlöscher für die Seele sein. Nagen Ihre Sorgen aber tief genug, brauchen Sie bald ein stärkeres Tonikum. Ignorieren Sie bitte nicht Ihre Bedürfnisse nach Frieden und Beisammensein mit lieben Menschen.

„Der Sinn des Reisens besteht darin, die Vorstellungen mit der Wirklichkeit auszugleichen und anstatt zu denken, wie die Dinge sein könnten, sie so zu sehen, wie sie sind." So lautet die Aussage zum Thema von Samuel Johnson. Der britische Schriftsteller und Gelehrte aus dem 18. Jh. hat es auf den Punkt gebracht. Wer hat nicht schon mal geglaubt, das Gras sei woanders grüner? Aber Glauben und Wissen sind zwei ganz unterschiedliche Dinge. Erfahrungen vermitteln Weisheit besser als jede Theorie und so ist es nicht verwunderlich, dass oft gerade die Menschen, die Umtriebigsten sind, welche auf jeder Party den Mittelpunkt der Aufmerksamkeit aller anderen bilden. Sollten Sie ein solcher Mensch sein, dann wissen Sie, wie bestätigend es ist, seine Erlebnisse mit anderen zu teilen und ihr Staunen als Zeichen der Bewunderung zu erkennen. Jede Reise sollte ein Ziel haben, aber fixieren Sie es nicht mit dem Fadenkreuz, sondern lassen Sie sich auf unerwartete Möglichkeiten ein. Das wahre Wesen einer jeden Sache ist immer spannend und erfüllt in dem Maße auch hinreichend den Sinn des Reisens.

In Russland gibt es ein humorvolles Sprichwort zum Thema. Es lautet übersetzt: „Woraus besteht der Mensch? Aus Körper, Seele und Pass." Nicht untypisch ist diese Sichtweise für ein Land, das man mit dem Verstand angeblich nicht begreifen kann. Ich kann hingegen aus Erfahrung sagen, dass Dokumente auf Reisen sehr wichtig sind. Kümmern Sie sich rechtzeitig um Pässe oder ein Visum und informieren Sie sich über die Einreisebestimmungen.

Hinweis: Spricht das Auswärtige Amt eine Reisewarnung für bestimmte Länder aus, kann das teure Folgen für Ihre Urlaubsplanung haben. Denn der Veranstalter ist dann nicht verpflichtet, Anzahlungen zu erstatten, wenn Sie bereits nach Veröffentlichung der Warnung gebucht haben.

Wilhelm Busch ist nun der letzte Autor, mit dem ich Sie noch belästigen möchte. Ob die Worte wirklich seiner Feder entstammen, ist diskutabel, aber hier nicht weiter von Bedeutung. Lesen Sie bitte weiter und Sie verstehen wieso.

Viel zu spät begreifen viele die versäumten Lebensziele: Freuden, Schönheit und Natur, Gesundheit, Reisen und Kultur. Darum, Mensch, sei zeitig weise! Höchste Zeit ist's! Reise, reise!

Herstellung und Verlag:

BoD – Books on Demand, Norderstedt

ISBN: 9783750496224

1. Auflage

Kontakt: Psiana eCom UG/ Berumer Str. 44/ 26844 Jemgum

Covergestaltung: Fenna Larsson

Coverfoto: depositphotos.com